AF312055

CANARD ET CANARDIN,

OU

LE PÈRE ET LE FILS,

FACÉTIE-VAUDEVILLE

EN UN ACTE;

Par MM. BONEL et JORRE fils.

Représentée sur le théâtre de la Porte S.-Martin,
le 12 frimaire an XII.

A PARIS,

Chez BARBA, Libraire, Palais du Tribunat, galerie du
Théâtre Français de la République, n°. 51.

AN XII. (1804.)

CANARD ET CANARDIN,

O U

LE PÈRE ET LE FILS.

Le théâtre représente le quai de la Vallée, d'un côté la boutique de Canard père, de l'autre celle de la mère des Sept-graines. Un peu en avant un tonneau dans lequel travaille Victoire.

SCENE PREMIERE.

VICTOIRE, *seule.*

Il n'est que six heures et je suis aujourd'hui la première arrivée. Le perruquier du coin n'est point encore levé, et moi, pauvre ravaudeuse de bas, je suis déjà sur pied .... dans le monde tout se balance, et la comparaison entre le perruquier et moi se fait de la tête aux pieds. Repassons mon ouvrage. Bon ! mes pratiques seront contentes ; tout est prêt ; mais que ferai-je de tous ces bas qu'on m'a laissés faute de paiement. Je les vendrai ; mais à qui ? imbécille !

Air : *Aimé de la belle Ninon.*

> Cette paire a plus d'un mari,
> Etant jaune, convient, je pense ;
> Celle de chair convient aussi
> A plus d'un homme de finance :
> Celle-ci je l'aurai long-tems,
> Même en vain je la raccommode,
> Elle est rouge depuis huit ans,
> Cette couleur n'est plus de mode.

Je n'ai donc plus rien à faire ? Eh ! mon dieu ! j'oubliais, j'ai des bouts à mettre aux bas d'une danseuse qui débute ce soir ; travaillons... mais je n'ai pas la tête à moi, et les bas de l'espagnol incombustible, n'ai-je pas une semelle imperméable à y mettre. Mon amour me rendra folle. Ah ! Canardin ! Canardin ! que vous me faites de mal. J'ai pourtant des semelles à mettre à ses bas.

SCENE II.

VICTOIRE, CANARDIN.

CANARDIN.

Il est vrai, je vous les apportais pour leur faire l'opération, semblables à Achilles, ils sont sensibles du talon.

VICTOIRE.

Comment, c'est vous, Canardin ; vous m'écoutiez.

CANARDIN.

Hélas ! oui.

VICTOIRE.

Un maître de danse levé de si bonne heure ?

CANARDIN.

Un maître de danse est toujours en l'air ; pas de repos dans notre état ; mon père, plus heureux que moi, dort voluptueusement, tranquillement, splendidement au sein de la plume.

VICTOIRE.

Il a le tems, les acheteurs de volaille n'arrivent pas sitôt.

CANARDIN.

Le barbare !

VICTOIRE.

Vous injuriez votre père ?

CANARDIN.

Il est mon rival.

VICTOIRE.

La nature...

CANARDIN.

Muette. Mais votre mère, madame des Sept-graines ?

VICTOIRE.

Elle dort encore, vous le voyez, sa boutique est fermée.

CANARDIN.

Elle dort !

VICTOIRE.

Vous m'effrayez, Canardin.

CANARDIN.

Mon père !

(5)

VICTOIRE.

Canardin !

CANARDIN.

Père insensible , tu m'as chassé ! tu me le paieras.

VICTOIRE.

Quel serait votre projet ?

CANARDIN , *prend la main de Victoire , l'amène sur le bord de la scène et lui fait une pantomime à la discrétion de l'acteur.*

VICTOIRE.

Le voilà donc connu ce secret plein d'horreur ?

CANARDIN.

Mais je n'ai rien dit.

VICTOIRE.

Cruel ! vous ne m'aimez pas.

CANARDIN.

Moi, je ne l'aime pas ? vous l'entendez, grands dieux, et vous ne pleurez pas ? Ah ! Victoire ! Victoire !

Air : *Il faut quitter ce que j'adore.*

Vous étonner de ma tendresse,
C'est pour ainsi dire en douter,
Quand quelque chose l'intéresse,
Femme ne doit pas discuter ;
A mon amour vous devez croire,
Car, sans parler de vos attraits,
Ne vous nommez-vous pas Victoire ,
Et moi ne suis-je pas français.

VICTOIRE.

Français et léger ; c'est tout comme.

CANARDIN.

Il est vrai que je ne suis pas lourd.

VICTOIRE.

Avec cela maître de danse.

CANARDIN.

Motif de plus pour que je soie...

VICTOIRE.

Quoi !

CANARDIN.

Comment, quoi ?... votre époux.

Air : *Une fille est un oiseau.*

Tout dépend du premier pas,
Il fait notre destinée ,
Craignez d'être condamnée
A mal choisir en ce cas ;

Car souvent une imprudence
Nous fait manquer la cadence,
A m'accorder confiance
Vous ne pouvez balancer,
Avec un maître de danse
On sait bientôt, je le pense,
Sur quel pied on doit danser.

(Ici on entend Canard père qui ouvre sa boutique. Jeu muet des acteurs.)

VICTOIRE.

Votre père ouvre sa boutique.

CANARDIN.

Il m'a fermé sa porte. Je pars, chère Victoire, et quitte pour toujours le quai de la vallée.

VICTOIRE.

Pour toujours ?

CANARDIN.

C'est un sens symbolique, je reviendrai le plutôt que je pourrai.

VICTOIRE.

Vous avez donc bien de la besogne, bien des écoliers ?

CANARDIN.

Peu et beaucoup ; mais je montrerai toujours le fond de l'état ; d'abord :

Air : *De la Clef forée.*

Le terre à terre aux intrigans,
La chaîne aux femmes amoureuses,
Le salut à nos courtisans,
A balancer aux précieuses ;
Mais je n'ai plus même succès,
Et chaque jour me rend plus pauvre,
Depuis surtout que les anglais
Ont appris la walse en Hanovre.

SCENE III.

LES PRÉCÉDENS, *sur le devant du théâtre,* CANARD père, *la tête à sa boutique.*

CANARD.

Diable ! il fait grand jour. Paresseux que je suis ! j'ai pourtant des dindons à tuer.

CANARDIN.

Je me sauve. (*il sort.*)

SCENE IV.

LES PRÉCÉDENS, excepté CANARDIN,
La mère des SEPT-GRAINES.

*VICTOIRE, se met dans son tonneau et travaille. Pendant
ce tems la mère des Sept-graines ouvre sa boutique, Canard père arrange la sienne.*

CANARD père, *en sournois.*

V'là l'objet qui remue mon cœur, qui travaille, ô amour !
amour !

Air : *Il faut quitter ce que j'adore.*

J'sais que j'n'ai pas assez de mérite
Pour prétendre à d'si beaux appas,
Mais j'suis calé, c'te pauvre p'tite
N'a pour tout bien que d'mauvais bas ;
J'sens ben qu'à la rendre amoureuse,
Mon âge me rend peu subtil,
Tandis qu'on sait qu'un' ravaudeuse
Plus qu'une autre femme a le fil.

LA MÈRE.

Bon jour, ma Victoire, bon jour m'n'enfant.

VICTOIRE, *dans son tonneau.*

J'cours vous embrasser, ma mère.

LA MÈRE.

Non, non, ma p'tite, je t'en savons le même gré, travaille, pendant que je préparerons not' déjeûné.

CANARD.

Bon, v'là la mère qui rentre. Si je pouvions l'y dégoiser
queuque douceur. Pas vrai, mam'zelle, qu'il fait beau ? ce
soleil levant...

VICTOIRE.

Oui, monsieur.

CANARD.

Ce soleil est l'image de vos yeux. (*à part.*) Je dis qu'il
est tapé celui-là. (*haut.*) Vous ne répondez pas.

VICTOIRE.

C'est que je ne vous comprends pas. La comparaison est
si fausse.

CANARD.

Pas tant, et vous en conviendrez comme moi ; car rien
n'est plus intellectuel.

Air : *De la pipe de tabac.*

Moi , je ne vois de différence
Qu'entre votre cœur et le mien,
Vous m'accablez d'indifférence,
A vous aimer , j'mets tout mon bien.
Entre l'soleil et vous , ma chére,
Il est plus d'un rapport flatteur,
Le soleil échauffe la terre
Et vos yeux font griller mon cœur.

Qu'avez-vous à répondre ? hein !

VICTOIRE.

Air : *Cependant il est beau d'entendre.* (de la Guinguette.)

Le soleil échauffe la terre,
Ce n'est que dans une saison ,
Et je craindrais de vous déplaire
En faisant la comparaison.

CANARD.

Parlez, parlez, je suis bon prince.

VICTOIRE.

L'amour qui refroidit s'envole
Et disparaît comme l'éclair ;
C'est en vain que l'on s'en désole ,
Le soleil est rare l'hiver.

CANARD.

A mon tour , je ne vous conçois pas.

VICTOIRE.

Je vais tâcher de me rendre plus intelligible , écoutez :

CANARD.

Je suis tout oreilles.

VICTOIRE.

Air : *De la romance de Raoul de Créqui.*

Si la fleur qui naît au printems,
Par l'hiver se trouve flétrie,
L'homme peut il à soixante ans
Prendre femme jeune et jolie ;
Desirs trop vains font son tourment ,
Plaire alors devient difficile ,
A qui veut jouir du présent ,
Le passé devient inutile.

CANARD.

Je vous observerai à mon tour.

VICTOIRE,

Ce n'est pas tout.

Même air.

Vieillard qui sent qu'à ses vieux ans ,
Le repos devient nécessaire ,
Doit céder aux jeunes amans
Le desir et le soin de plaire ;
A se consoler promptement
Le souvenir le rend facile ,
Ne pouvant jouir du présent ,
Que le passé lui soit utile.

CANARD.

Je ne suis point un passé, je suis un futur. Ah ! diable !
voici la mère.

SCENE V.

LES PRÉCÉDENS, LA MÈRE.

LA MÈRE.

Bon jour, voisin. (*à sa fille,*) J'n'ons pas voulu te dé-
ranger tantôt, maintenant embrasse moi ; tatidié, mon
homme, comme vous v'là éveillé.

CANARD.

J'étais à côté de la belle Victoire. (*bas.*) Je voudrais vous
parler en tête à tête.

LA MÈRE, *de même.*

C'est aisé. (*haut.*) Victoire, ton café est prêt, vas déjeû-
ner, ma p'tite, vas.

VICTOIRE.

Volontiers, ma mère. (*à part.*) Je ne suis pas fâché de
l'occasion. (*elle sort.*)

SCENE VI.

CANARD père, LA MÈRE.

LA MÈRE.

Qu'est-ce qu'il y a, père Canard ?

CANARD.

Je meurs.

LA MÈRE.

Ah ! mon dieu.

CANARD.

Je brûle.

LA MÈRE.

Faut-il appeler le porteur d'eau voisin,

Canard.   B

CANARD.

Vous plaisantez ; mais, mère des Sept-graines , écoutez un malheureux amant , j'adore votre fille.

LA MÈRE.

A d'autres, compère ! il y a vingt ans que vous m'en disiez autant de moi ; vous en souvient-il ?

CANARD.

Je suis vrai, s'il m'en souvient, il ne m'en souvient guères. Je vise au mariage.

LA MÈRE.

Vous commencez à vous expliquer ; mais avez vous bien tout ce qu'il faut pour rendre ma fille heureuse.

CANARD, *faisant une pirouette.*

Je vous en fais juge.

Air : *D'Arlequin afficheur.*

> Quand le saint nœud nous unira ,
> Amoureux de ma ménagère ,
> A chaque instant l'on me verra
> Me mettre en quatre pour lui plaire ;
> Parmi les dindes , les dindons ,
> Près de moi je veux qu'elle brille ,
> A tous les yeux nous offrirons
> Un tableau de famille.

Vous viendrez l'embellir souvent, mère des Sept-graines.

LA MÈRE.

Trop honnête , Canard. Mais votre fils.

CANARD.

Je l'ai chassé de d'chez moi.

LA MÈRE.

C'est du cœur de ma fille qu'il fallait plutôt le faire déloger.

CANARD.

Il en serait aimé.

LA MÈRE.

Il n'est que trop vrai.

CANARD.

O douleur ! que n'ai-je un autre rival , (*tirant le grand couteau.*) j'irais plonger ce fer dans le sein de l'audacieux.

LA MÈRE, *l'arrêtant.*

Qu'osez vous dire ?

CANARD.

Soyez tranquille, je ne serai point un père marâtre... Tout espoir est-il donc perdu, craignez tout de ma douleur. Je suis capable d'aller me jeter à l'eau.

(11)

L A M È R E.

Vous jeter à l'eau, Canard ?

C A N A R D.

Air :

Si Victoire n'est pas sa femme
Canard dans l'eau se plongera,
Il n'a pour éteindre sa flamme,
Madame, que ce moyen-là.
Hélas ! s'il agit de la sorte,
Le sacrifice sera beau,
Puisque malgré le nom qu'il porte,
Canard n'a jamais aimé l'eau.

L A M È R E.

Vraiment vous me faites pitié, et je voudrais vous servir; mais dois-je forcer l'inclination de mon enfant.

C A N A R D.

Peut-elle balancer entre moi et mon coquin de fils ; il a pour lui son âge, c'est vrai, mais j'ai pour moi un bon état. Il la fera mourir de faim avec ses entrechats ; moi je la nourrirai avec mes dindons ; en outre trois mille francs.

L A M È R E.

Trois mille francs.

C A N A R D.

En écus encore et qui sont marqués.

L A M È R E.

Vous me coupez les objections, et je consens à tout.

C A N A R D.

Doucement, doucement...

L A M È R E.

Comment doucement ?

C A N A R D.

De grace doucement. Je crains le passage subito du bonheur au malheur. Me voilà donc votre gendre.

L A M È R E.

Pas encore. Il faut d'abord décider ma fille. Laissez moi lui faire entendre raison. Elle a sans doute déjeûné. Elle va revenir, retirez-vous pour quelques instans.

C A N A R D.

Je vous obéis. Je vais profiter de ce moment pour m'approprier ; vous tenez mon existence en suspend, époux ou le plongeon.

L A M È R E.

J'entends Victoire, partez.

C A N A R D.

C'est dit. (*il rentre dans sa boutique.*)

SCENE VII.
LA MÈRE, VICTOIRE.

LA MÈRE.

Tu as déjeûné, mon enfant ?

VICTOIRE.

Oui, ma mère ; je me suis dépêchée, j'ai là de l'ouvrage qui presse.

LA MÈRE.

Bien, ma Victoire, sois toujours sage et laborieuse, le ciel te bénira.

VICTOIRE.

Je voudrais gagner assez pour pouvoir vous exempter du travail.

LA MÈRE.

Je te remercie, mon enfant, j'y suis accoutumée. (*à part.*) Je ne sais comment m'y prendre. (*haut.*) Ecoute, Victoire, laisse là un moment ton ouvrage, j'ai à te consulter sur quelque chose.

VICTOIRE, *approchant.*

Moi, ma mère ?

LA MÈRE.

Serais-tu fâchée de te marier ?

VICTOIRE.

Mais, ma mère.

LA MÈRE.

Allons, réponds, je le veux ; veux-tu te marier ?

VICTOIRE.

Mon amour pour vous m'en fait la loi.

LA MÈRE.

Pour moi ?

VICTOIRE.

Sans doute, si le destin voulait que je périssons avant vous, qui vous consolerait, qui remplacerait votre Victoire ? Je veux donc bien me marier, mais je veux choisir mon époux d'abord.

Air : *C'est le meilleur hommage.*

Vous le chérirez comme moi ;
Comme moi vous lui serez chère,
Alors je pourrai sans effroi
Finir avant vous ma carrière.

Car si le sort le veut ainsi,
Vous retrouverez, je l'espère,
Votre fille dans son mari,
Lui son épouse dans ma mère

LA MÈRE.

Ah ça, tais toi donc, tu m'attendris, toi : te survivre !
mais rien que cette idée là me ferait mourir ; mais, sois
tranquille, l'époux que je te destine est bien comme tu le
demandes.

VICTOIRE.

Je suis certain que Canardin vous chérit comme moi.

LA MÈRE.

Il ne s'agit pas de Canardin ; à la vérité cela ne sort pas
de la famille ; mademoiselle, il faut oublier le fils pour
épouser le père.

VICTOIRE.

Qui ? ce vilain Canard ? allons, ma mère, vous plaisantez.

LA MÈRE.

Eh ! pourquoi ça, je vous prie ?

VICTOIRE.

Il est aimable, n'est-ce pas ?

LA MÈRE.

Comment, s'il est aimable ! mais fallait le voir tout-à-
l'heure auprès de moi.

Air : *De la Clef forcée.*

Comme l'amour tendre et charmant,
Il eût séduit toutes nos belles.

VICTOIRE.

Comme lui pour être inconstant.
(*montrant la boutique.*)
A son service il a des ailes.

LA MÉRE.

Oui, mais le cas est différent ;
Femme peut le fixer près d'elle,
Car, à son âge, mon enfant,
L'amour ne bat plus que d'une aile.

Ce que j'en fais, c'est pour ton bonheur ; allons, suis les
conseils de ta mère, et tu t'en trouveras bien. Un homme
qui a un état, trois mille francs ; nous n'avons rien. Je rentre là dedans, réfléchis, et surtout songe que tu me déso-
bligerais en recevant mal Canard.

VICTOIRE.

Ah ! ma mère, ma mère !

LA MÈRE.

Victoire, vous m'avez entendue, je pense? (*à part.*)
Allons nous en, car si je la royais pleurer, j'enverrais Canard et son mariage par-dessus les ponts. (*elle rentre dans
sa boutique.*)

SCENE VIII.

VICTOIRE, *seule.*

Ainsi donc, ma mère me sacrifie à l'intérêt. Canardin,
pauvre Canardin! il en mourra; mais, je ne me trompe pas?
c'est lui. Quel bonheur !

SCENE IX.

VICTOIRE, CANARDIN.

CANARDIN.

Vous le voyez, pour être plutôt près de vous, j'ai mis mes
jambes en nage.

VICTOIRE, *à part.*

As-tu pu le croire, ô ma mère !

CANARDIN.

Qu'est-ce que vous avez donc, vous avez l'air toute chose.

VICTOIRE, *à part.*

Canardin ! victime infortunée.

CANARDIN.

Vous m'effrayez. Est-ce que mon père voudrait...

VICTOIRE.

Mieux que cela.

CANARDIN.

Ah ! grands dieux !

VICTOIRE.

Il m'épouse, ma mère le veut.

CANARDIN.

Qu'entends-je ! la nature, l'amour m'étouffent. Je me
meure !... Aye... aye... (*il chante.*) Je ne souffrirai pas cet
acte abominable.

VICTOIRE.

Comment l'empêcherez-vous?

CANARDIN.

Je n'en sais rien. (*il va pour sortir.*)

VICTOIRE.

Où allez-vous ?

CANARDIN.

Je n'en sais rien.

VICTOIRE.

Canardin !

CANARDIN.

Je n'en sais rien.

VICTOIRE.

Il a perdu la tête ; malheureuse !

CANARDIN.

M'enlever ma maîtresse ! c'est donc pour cela qu'il m'a chassé, et je le souffrirai ; non, périssent plutôt tous les Canards.

VICTOIRE.

Arrête, malheureux, il est ton père.

CANARDIN.

Plus.

VICTOIRE.

Canardin, reprenez vos sens.

CANARDIN.

Ça revient. Je vais assembler toutes mes idées ; votre mère le veut ?

VICTOIRE.

Il a, dit-elle, trois mille francs, de plus un état sur le carreau.

CANARDIN.

J'en ai un aussi, et tout-à-l'heure, quand vous m'avez assommé de cette fâcheuse nouvelle, j'accourais vous apprendre que je venais d'être nommé maître de ballets.

VICTOIRE.

A l'Opéra.

CANARDIN.

Non, au Grand Salon, rue Coquenard, près celle du Champ de Repos. N'ayant affaire que le soir, le matin je donne mes leçons ; sur les deux heures je place ma lanterne magique sur les quais ; les curieux arrivent, je gagne de l'argent ; et tout cela pour ma Victoire.

VICTOIRE.

Vous avez une lanterne magique ?

CANARDIN.

Vous ne la connaissez pas ? Je veux vous en régaler dès ce soir.

Air : ***Dans ce salon,*** ou ***du Poussin.***

Dans Paris vous distinguerez
Le Panthéon, les Incurables,
Aisément vous découvrirez ,
Tous les monumens remarquables ;
Je puis dans un cadre pareil,
Offrir cent beautés réunies.

VICTOIRE.

M'y ferez-vous voir le soleil.

CANARDIN.

Oui , car on voit les Tuileries.
Une seule vue ne suffirait pas, je me suis précautionné.

Même air.

A Boulogne , des bateaux plats
S'offrent à la vue énivrée ;
Ils sont montés par nos soldats ,
La réussite est assurée ;
Mais sur un autre bord sous peu,
Je pourrai les montrer, j'espère ,
Sans changer de place et de lieu ,
On voit les côtes d'Angleterre.

VICTOIRE

Vous aurez beaucoup de chalands. Je me décide quoiqu'il
arrive , je ne serai pas madame Canard.

CANARDIN.

Vous seriez madame Canardin !

VICTOIRE.

Je le jure , ma mère criera ; au fond elle m'aime , elle
est bonne , elle me pardonnera. Mais je m'amuse et j'ai de
l'ouvrage à porter ici près, on l'attend ; auriez-vous la com-
plaisance de veiller un moment à mon tonneau?

CANARDIN.

Puis-je refuser quelque chose à l'amour.

VICTOIRE.

Je reviendrai bientôt.

SCENE X.

CANARDIN, *seul , regardant le tonneau.*

C'est donc ici que tous les jours ma Victoire travaille,
heureux tonneau, que j'envie ton bonheur ! c'est ici qu'elle
s'assied. Je ne puis résister au desir d'occuper un moment
sa place. (*il s'assied dans le tonneau.*). Ah ! douce volupté !
tout ici me retrace son image , ces bas, ce fil, ce coton.

SCENE XI.

CANARDIN, *dans le tonneau*, **CANARD**, *endimanché,
sortant de sa boutique.*

CANARD.

La mère lui aura sans doute parlé. Voyons où est le vent.
On remue dans le tonneau, c'est sans doute ma dulcinée.

CANARDIN.

Je crois entendre quelqu'un.

CANARD.

Il faut la surprendre et lui chanter l'impromptu que je
compose depuis huit jours pour elle.

Air : *Aux montagnes de la Savoie.*

O vous aimable ravaudeuse,
O vous dont l'aspect enchanteur,
A rendu mon ame amoureuse,
Mettez un terme à ma douleur,
Canard aux pieds de sa maitresse,
Met en ce jour, ses dindons, son cœur, sa tendresse,
Oui , sa tendresse , etc.

CANARDIN.

Oh ! la charge est bonne , c'est mon père ; il croit parler
à Victoire, il faut lui répondre. (*il imite la voix de femme.*)

Même air.

Victoire d'une autre est éprise,
Ainsi point d'espoir pour Canard ,
Qu'il remporte sa marchandise ,
Car il se présente trop tard ;
D'ailleurs à sa fille il s'adresse ,
Puisque son fils, a son cœur, sa foi, sa tendresse,
Oui , sa tendresse , etc.

CANARD, *allant au tonneau.*

Pouvez vous bien aimer un si mauvais sujet. Ciel ! que
vois-je ? Canardin ! Malheureux, que fais-tu dans ce tonneau ?

CANARDIN.

Je suis à mon poste.

CANARD.

A ton poste. Vannes, coquin, ou gare les calottes.

CANARDIN.

Un brave homme doit mourir à son poste.

Canard.   C

CANARD.

Je t'en vais donner du poste, moi, attends.

CANARDIN.

Mon père, avec tout le respect que je vous dois, n'approchez pas de trois pas, c'est ma consigne ; et quand je suis en faction, je ne connais personne.

CANARD.

Fils dénaturalisé, tu me plaisantes. Je vais t'étouffer.

CANARDIN.

Au secours ! au secours !

SCENE XII.

LES PRÉCÉDENS, LA MERE.

LA MÈRE.

Quel bruit ! quel vacarme ! on dirait qu'on étouffe quelqu'un ici.

CANARDIN, *sortant du tonneau.*

Guères s'en faut, au moins.

LA MÈRE.

Comment ! le père et le fils ! quel scandale !

CANARD.

C'est un fils adultère qui contrecarre son créateur dans sa passion.

CANARDIN.

C'est un père insensible qui étouffe son sang pour lui souffler sa maîtresse. O nature ! tu n'as donc plus d'entrailles?

CANARD.

Va-t-en, va-t-en, je te donne ma malédiction.

CANARDIN.

Gardez vos cadeaux, je n'en veux pas.

LA MÈRE.

Modérez-vous, Carnard, et vous Canardin, écoutez la raison, vous devez des égards à votre père, il aime ma fille, s'il ne l'épouse...

CANARD.

Le plongeon.

CANARDIN.

Moi, un entrechat à huit pouces de terre.

LA MÈRE.

Fâcheuse extrémité ; l'un veut se jeter à l'eau, l'autre veut se pendre, et pas de remède à cela.

Air : *Du pas redoublé.*

Pour une fille quel embarras
  L'jour d'son hyménée,
Car, à pleurer sur un trépas,
  Je la vois condamnée.
L'chagrin, c'jour là n'est pas commun ;
  Mais quel sera le nôtre,
S'il nous faut aller pêcher l'un
  Ou bien décrocher l'autre.

CANARD.

Je n'ai point un cœur de chêne, Canardin ; au nom de tous les pouvoirs paternels, je vous défends de vous pendre.

CANARDIN.

Je ne dépends d'aucune autorité.

Air : *De Claudine de Florian.*

Vous m'avez donné la vie,
Sur-moi vous avez des droits,
Accordez-moi mon amie,
Je vous la devrai deux fois ;
Vous l'épousez, à me pendre,
Par vous je suis condamné,
Je suis libre de vous rendre
Ce que vous m'avez donné.

CANARD.

Ta langue logicienne m'ennuie ; va-t-en te pendre, t'incendier, je m'en bats l'œil ; assez de naturel comme ça.

LA MÈRE.

Allons, Canardin, cessez de contrarier votre père. Partez, laissez nous au moins quelques momens.

CANARDIN.

Il m'en coûte de refuser la mère de mon objet ; mais je vous l'ai déjà dit, je suis en faction.

LA MÉRE.

Je vous en relève.

CANARDIN.

Je reconnais votre autorité. (*à part.*) Il faut la ménager, tenons-nous à l'écart et épions le retour de Victoire. Adieu, M. Canard, vous n'avez plus de fils. (*il sort.*)

CANARD.

C'est dit.

SCENE XIII.
LA MERE, CANARD.
CANARD.
Vous avez bien fait de le renvoyer , je tenais ma patience
à brasse-corps, et si je l'avais lâchée , je commettais un sui-
cide ; mais où en sont nos affaires ? votre fille ?
LA MÈRE.
N'est pas très-disposé à vous sacrifier votre fils.
CANARD.
Et la mère.
LA MÈRE.
Est toujours pour vous ; d'ailleurs , il faut vous l'avouer ,
vos trois mille francs vous rendent bien cher à mes yeux.
Je ne fais rien dans mon état , j'ai quelques dettes.
CANARD.
Je les acquitterai toutes.
LA MÈRE.
Cela diminuera votre magot , Canard.
CANARD.
Nous travaillerons à le remplir. Si nous passions chez le
notaire , il demeure ici près.
LA MÈRE.
J'y consens. Je vais chercher quelques papiers qui nous
sont utiles. Attendez-moi, Victoire ne peut pas tarder à ve-
nir , je ne veux pas me trouver seule avec elle. Allons , voi-
sin , faites l'aimable , du courage , je l'entends.
CANARD.
Soyez tranquille , Cupidon et moi nous ne ferons qu'un.

SCENE XIV.
CANARD, VICTOIRE.
CANARD.
Ménageons-lui une surprise. (*il se met dans le tonneau.*)
VICTOIRE.
Eh bien ! il est parti , c'est honnète. Oh ! mon dieu, si
quelqu'un avait pris ce qui était dans mon tonneau ; heureu-
sement qu'il n'y a pas grand chose. (*elle va au tonneau.*)
Que vois-je ?

CANARD.

Un homme plus soigneux que celui que vous lui préférez, belle Victoire ; si mon amour...

VICTOIRE.

Allez-vous encore m'ennuyer ?

CANARD.

Vous êtes franche, mademoiselle ; votre mère,...

SCENE XV.

LES PRÉCÉDENS, UN COLPORTEUR de Loterie.

LE COLPORTEUR.

C'est pour aujourd'hui, c'est pour aujourd'hui, au dernier les bons.

CANARD.

Peste soit de l'importun.

LE COLPORTEUR.

Eh bien, notre bourgeois, est-ce que vous ne prenez pas mon dernier.

CANARD.

Je n'ai pas trop d'argent, mon ami, je me marie.

LE COLPORTEUR.

Bah ! vous vous mariez ?

CANARD.

Et voilà ma prétendue.

LE COLPORTEUR.

Eh ben, faites-lui l'honnêteté de ce billet.

CANARD, *à part.*

Oh ! le traître!

LE COLPORTEUR.

Pas vrai, mademoiselle que vous l'accepteriez ?

CANARD, *à part.*

Il faut se lâcher. (*haut.*) S'il pouvait vous être agréable.

LE COLPORTEUR.

Allons, mademoiselle, vous ne languirez pas, car on la tire dans un quart-d'heure.

CANARD.

Qu'en dites-vous ? (*au Colporteur.*) Quelle chance !

LE COLPORTEUR.

L'ambe et le terme.

CANARD.

Acceptez-vous ?

VICTOIRE.

Air : *De la pipe de tabac.*

Certes, cette gaianterie,
Monsieur, me touche au dernier point ;
Passez moi cette fantaisie,
La chance ne me convient point ;
A vous même elle est peu propice,
Car un buraliste indiscret
Prétend, peut être avec malice,
Que vous ne jouez que l'extrait.

LE COLPORTEUR.

Allons, mademoiselle, si vous ne le prenez pas, ce billet me restera, et j'ai bien peu de bénifices, le peu que je gagne me sert à soulager ma mère.

VICTOIRE.

Je ne balance plus, j'accepte.

CANARD.

Voilà votre argent. (*à part.*) Ces gens-là ont toujours des histoires.

LE COLPORTEUR.

En vous remerciant, notre bourgeois, bonne chance ainsi qu'à vous, mademoiselle.   (*il sort.*)

SCENE XVI.

LES PRÉCÉDENS, hors LE COLPORTEUR.

CANARD.

Je suis sensible à votre acceptation. Voici votre mère.

SCENE XVII.

LES PRÉCÉDENS, LA MERE.

LA MÈRE.

Allons, voisin, me voilà prête, partons.

CANARD.

Je suis à vos ordres.

VICTOIRE, *à part.*

Ma mère sort avec lui ; qu'est-ce que cela veut dire ?

LA MÈRE.

Adieu, Victoire.

CANARD.

Adieu, mademoiselle, je vous quitte, mais je vous laisse mon cœur.

VICTOIRE.

Ah ! mon dieu', vous pouvez bien l'emporter avec vous.

CANARD.

Ah ! c'est par trop fort.

LA MÈRE.

C'est un enfant, venez.

CANARD.

Je vous observerai...

LA MÈRE.

Laissez-moi faire , tout cela s'arrangera.

(*ils sortent en parlant.*)

SCENE XVIII.
CANARDIN, VICTOIRE.

CANARDIN.

Victoire !

VICTOIRE.

Je ne vous voyais pas.

CANARDIN.

Forcé par votre mère de quitter ces lieux , j'épiais le moment de vous trouver seule ; mon père est insensible, je comptais sur le sort , il me trahit , il faut walser.

VICTOIRE.

Un enlèvement.

CANARDIN.

Ils sont à la mode , plions bagage et en route.

VICTOIRE.

Pour quel pays ?

CANARDIN.

Pour la Russie.

Air : *Lorsque vous verrez un amant.*

Un artiste avec du talent
Y sort de la foule commune ,
Avec un peu de mouvement
Je peux enchaîner la fortune.
Beaucoup d'honneur et de profits ,
Des écoliers en abondance ,
Comme il fait froid dans son pays ,
Pour s'échauffer le russe danse.

VICTOIRE.

L'honneur me défend de partir.

CANARDIN.

Soyez donc madame Canard.

VICTOIRE.

Affreuse perspective !

CANARDIN.

Une fugue ou la chaîne. Grand dieu! que vois-je entre vos mains, un b,llet, il ne peut être de mon père, il n'a pas l'écriture en main.

VICTOIRE.

Ma foi, on en a pour son argent, c'est un billet de loterie dont il m'a fait cadeau.

CANARDIN.

Et moi aussi j'avais un billet de loterie ; mais rien, j'ai vu la liste fatale ; absens.

VICTOIRE.

Moi, j'ai plutôt accepté celui-ci par déférence que par calcul. Le 13 — 26 — 39.

CANARDIN.

Le 13 — 26 — 39.

VICTOIRE.

D'où vient votre étonnement ?

CANARDIN.

Je respire à peine ! Victoire ! Victoire !

VICTOIRE.

Qu'est-ce que c'est, Victoire ?

CANARDIN.

Je ne parle pas de vous. Le 13—26—39.

(*Victoire court après Canardin qu'arpente le théâtre.*)

CANARDIN.

Où est le billet.

VICTOIRE.

Le voici.

CANARDIN.

13—26—39. Attendez-moi là.

VICTOIRE.

Quel est votre projet.

CANARDIN.

Avez-vous confiance en moi.

VICTOIRE.

Sans doute.

CANARDIN.   (*il sort en chantant.*)

Attendez-moi.

Tu n'auras pas petit polisson,
Ce que tu penses de Victoire.

SCENE XIX.

VICTOIRE, *seule*.

Il est fou, c'est décidé! que veut-il dire? attendez-moi, Victoire! Victoire! il est fou! me laisser toute seule et précisément voilà son père de retour avec ma mère.

SCENE XX.

VICTOIRE, LA MÈRE, CANARD.

LA MÈRE.

Comment, de l'humeur, parce que le notaire était absent?

CANARD.

Cela me chagrine, j'en conviens.

LA MÈRE..

Ce qui est différé n'est pas perdu.

CANARD.

Oui; mais ce qui est perdu ne se retrouve pas.

LA MÈRE.

Nous sommes d'accord sur les articles.

VICTOIRE.

Comment sur les articles?

CANARD.

Oui, charmante Victoire, il ne manque plus que nos paraphes.

SCENE XXI ET DERNIÈRE.

LES PRÉCÉDENS, CANARDIN.

CANARDIN, *à son père*.

Pardon, monsieur; à votre boutique, s'il vous plaît.

LA MÈRE.

Carnardin!

VICTOIRE.

Quel est son projet?

CANARD.

Comment, c'est encore toi, malheureux?...

CANARDIN.

Point d'injures, je vous prie; ce n'est point à M. Canard, mon père, que je parle, c'est à M. Canard, marchand de dindons, j'ai besoin de ce bétail, je viens chez lui.

Canard

CANARD.

C'est par trop loin pousser l'audace.

LA MÈRE.

Votre plaisanterie est déplacée, Canardin.

CANARDIN.

Je ne ne plaisante pas, je le répète, j'ai besoin d'un din-
don et je m'adresse à monsieur, de préférence.

CANARD.

Je suis à l'étuvée.

VICTOIRE,

Où en veut-il venir ?

CANARDIN.

Dépêchons, car les apprêts d'une noce demandent du tems.

CANARD.

Monsieur se marie ? s'il en est ainsi je suis bon père, je me
charge du festin. Où est votre femme ?

CANARD, *montrant Victoire.*

Devant vos yeux.

LA MERE.

Il faut mon consentement.

VICTOIRE.

Il a le mien.

CANARDIN.

J'ai le sien.

CANARD.

Cela ne suffit pas.

CANARDIN.

Vous voulez faire le malheur de Victoire, mère des Sept-
graines, parce que trois mille francs vous ont séduite ; je
vous apporte six mille francs, accordez-moi sa main.

VICTOIRE et LA MERE.

Qu'entends-je ?

CANARDIN.

Que répondez-vous ?

CANARD.

Je vous conseille, moi, d'accepter ; mais il faut qu'il les
donne à l'instant. (*à part.*) Je suis tranquille au poste, il
n'a pas le sol.

LA MERE.

Vous me le conseillez ?

CANARD.

Sans doute ; mais absent, j'épouse. (*à part.*) Où diable
les aurait-il pris ?

(27)

LA MERE.

'Allons, puisque vous le voulez, j'y consens.

CANARDIN.

O providence ! voilà de tes coups , je m'exécute.

LA MERE.

Ciel ! six mille francs en billets de banque.

VICTOIRE.

Serait-il possible ?

CANARD.

Des billets , voyons. O déchet !

VICTOIRE.

Par quel hazard ?

CANARDIN.

Le 13 — 26 — 39. Un terne à une livre le billet de loterie que t'a donné le père fait le bonheur du fils.

CANARD.

Maudit colporteur ; c'est moi qui la gobe ! malheureux ,
qu'ai-je fait ?

VICTOIRE et CANARDIN.

Le bonheur de vos enfans.

CANARDIN.

Papa , vous n'êtes pas né méchant, écoutez cette voix na-
turelle qui vous crie dans l'intérieur : Canard , dur Canard ,
attendris-toi.

VICTOIRE ET SA MERE.

Attendrissez-vous , dur Canard.

CANARDIN.

Vite... un mouchoir , j'apperçois une larme.

LA MERE.

Résisterez-vous plus long-tems.

CANARDIN, *il chante.*

Que je retrouve un père à mes derniers momens.

CANARD.

Que je souffre ! quels combats ! ô nature , tu l'emporte !
l'amour déménage ; voilà ta femme.

CANARDIN, *lui sautant au cou.*

J'ai retrouvé papa.

VAUDEVILLE.

Air : *Dans la paix et l'innocence.*

CANARD.

Un billet de loterie
A terminé vot' chagrin,
L'un à l'autre on vous marie ,
D'bon cœur, j'en bénis l'destin.

Si queuqu'jour de nouvelles chaînes
M'offraient encor quelqu'attrait ,
Cheux la mère des Sept-graines
Je souscrirais mon billet.

LA MÈRE.

Grand merci d'la préférence ,
Mais voisin tout ben compté ,
J'craindrais qu'à son échéance
Le billet n'fut protesté ;
Si quelqu'endosseur aimable ,
D'la créance me répondait ,
Quoique vous soyez insolvable
J'accepte le vot' billet.

CANARDIN , montrant son père.

En pareille circonstance
Il fut pris dans ses filets ,
Et dès long-tems par prudence ,
Je veille à ses intérêts.
A mon sort je me résigne ;
Mais pour que tout soit parfait
C'est toujours papa qui signe ,
Moi , j'acquitte le billet.

VICTOIRE , au public.

Les auteurs jaloux de plaire ,
Messieurs , sur vous ont tiré ,
Le porteur dans cette affaire,
N'est pas des plus rassuré.
L'effet est payable à vue ,
Dans la crainte d'un protet,
L'indulgence est prévenue
Qu'il faut payer le billet.

FIN.

www.ingramcontent.com/pod-product-compliance
Ingram Content Group UK Ltd.
Pitfield, Milton Keynes, MK11 3LW, UK
UKHW022329170726
13837UKWH00005BA/2177